AF187060

escuela - colegio	2
viaje - viaje	5
transporte - transporte	8
ciudad - ciudad	10
paisaje - paisaje	14
restaurante - restaurante	17
supermercado - supermercado	20
bebidas - bebidas	22
comida - comida	23
granja - granja	27
casa - casa	31
sala - living	33
cocina - cocina	35
cuarto de baño - baño	38
habitación de los niños - cuarto de los chicos	42
ropa - ropa	44
oficina - oficina	49
economía - economía	51
oficios - ocupaciones	53
herramientas - herramientas	56
instrumentos musicales - instrumentos musicales	57
zoo - zoológico	59
deportes - deportes	62
actividades - actividades	63
familia - familia	67
cuerpo - cuerpo	68
hospital - hospital	72
urgencia - emergencia	76
tierra - Tierra	77
hora(s) - reloj	79
semana - semana	80
año - año	81
formas - formas	83
colores - colores	84
opuestos - opuestos	85
números - números	88
idiomas - idiomas	90
quién / qué / cómo - quién / qué / cómo	91
dónde - dónde	92

Impressum
Verlag: BABADADA GmbH, Nedderfeld 112 , 22529 Hamburg
Geschäftsführer / Verlagsleitung: Harald Hof
Druck: Books on Demand GmbH, In de Tarpen 42, 22848 Norderstedt

Imprint
Publisher: BABADADA GmbH, Nedderfeld 112 , 22529 Hamburg, Germany
Managing Director / Publishing direction: Harald Hof
Print: Books on Demand GmbH, In de Tarpen 42, 22848 Norderstedt

escuela
colegio

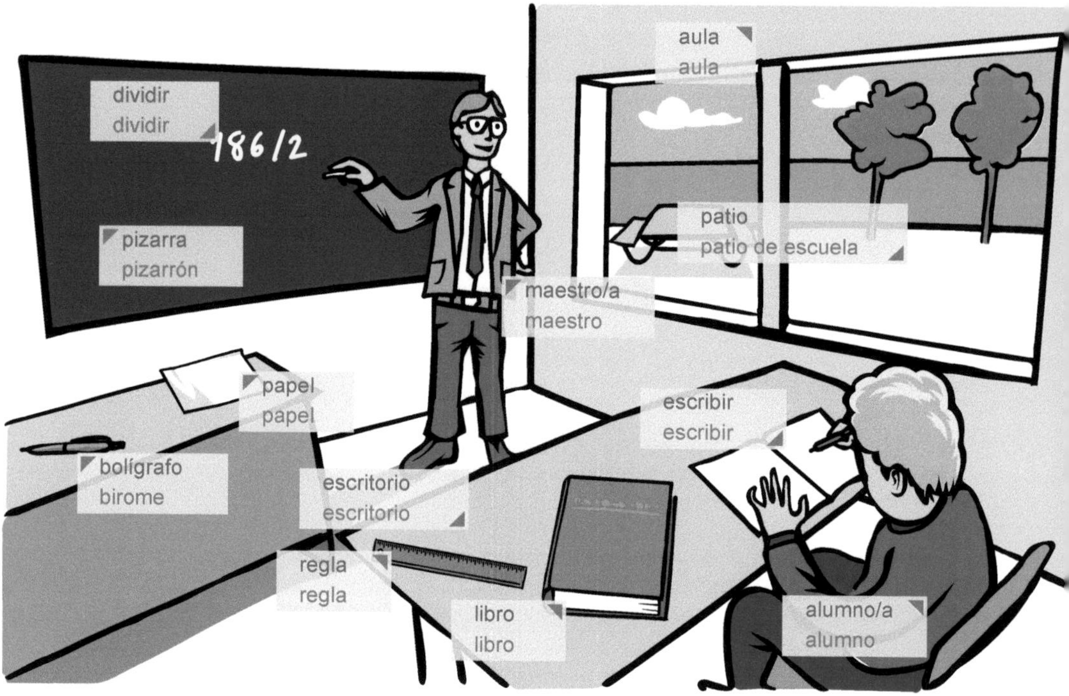
aula
aula
dividir
dividir
186/2
pizarra
pizarrón
patio
patio de escuela
maestro/a
maestro
papel
papel
escribir
escribir
bolígrafo
birome
escritorio
escritorio
regla
regla
libro
libro
alumno/a
alumno

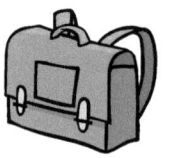

cartera

mochila

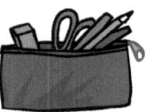

caja de lápices

caja de lápices

lápiz

lápiz

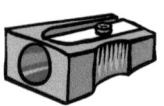

sacapuntas

sacapuntas

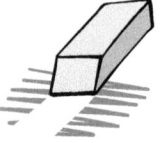

goma de borrar

goma (de borrar)

cuaderno de dibujo

bloc de dibujo

dibujo
dibujo

pincel
pincel

caja de pinturas
caja de pinturas

tijeras
tijera

pegamento
pegamento

cuaderno de ejercicios
cuaderno de ejercicios

deberes
tarea

número
número

sumar
sumar

restar
restar

multiplicar
multiplicar

calcular
calcular

letra
letra

alfabeto
abecedario

palabra
palabra

texto

texto

leer

leer

tiza

tiza

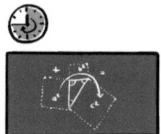

lección

lección

cuaderno de notas

cuaderno de clase

examen

examen

certificado

certificado

uniforme escolar

uniforme escolar

educación

educación

enciclopedia

enciclopedia

universidad

universidad

microscopio

microscopio

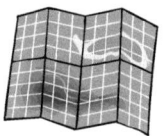

mapa

mapa

papelera

tacho (de basura)

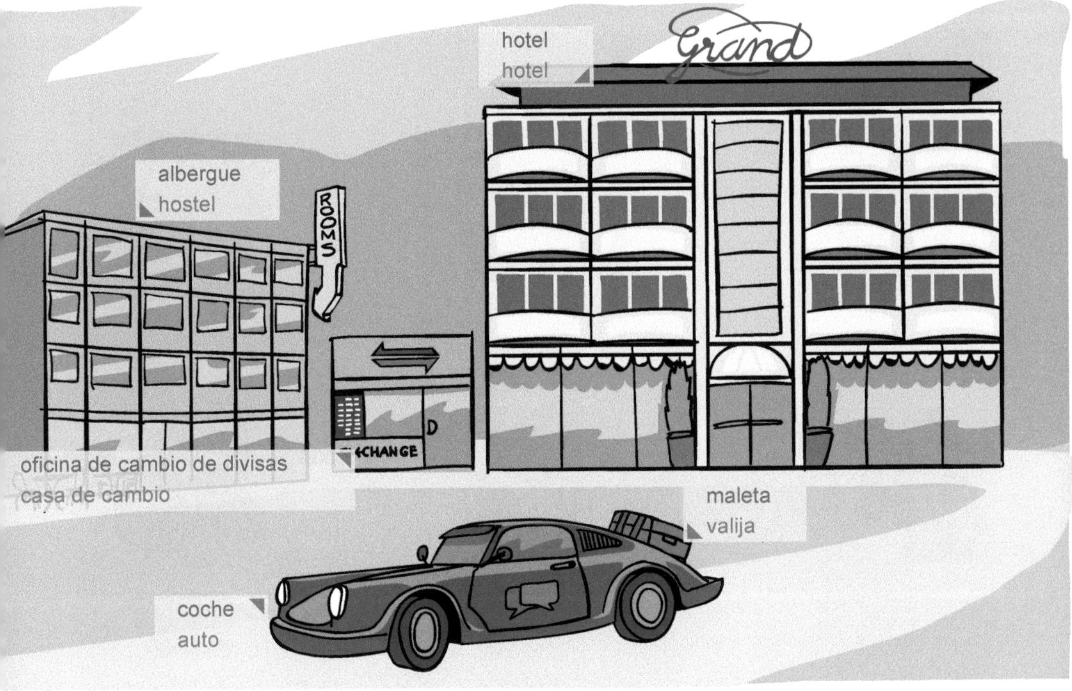
hotel
hotel
Grand
albergue
hostel
ROOMS
oficina de cambio de divisas
casa de cambio
maleta
valija
coche
auto

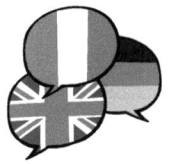

idioma

idioma

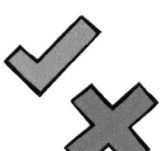

sí / no

sí / no

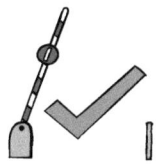

Vale

Está bien

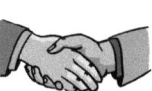

hola

hola

traductor

traductor

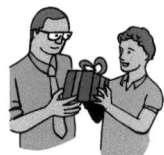

Gracias

Gracias

¿cuánto es...?

¿cuánto cuesta...?

No entiendo

No entiendo

problema

problema

¡Buenas tardes!

¡Buenas tardes!

¡Buenos días!

¡Buenos días!

¡Buenas noches!

¡Buenas noches!

adiós

adiós

dirección

dirección

equipaje

equipaje

bolsa

bolso

mochila

mochila

invitado

invitado

habitación

habitación

saco de dormir

bolsa de dormir

tienda de campaña

carpa

información turística

información turística

playa

playa

tarjeta de crédito

tarjeta de crédito

desayuno

desayuno

almuerzo

almuerzo

cena

cena

billete

pasaje

ascensor

ascensor

sello

sello

frontera

frontera

aduana

aduana

embajada

embajada

visa

visa

pasaporte

pasaporte

transporte

transporte

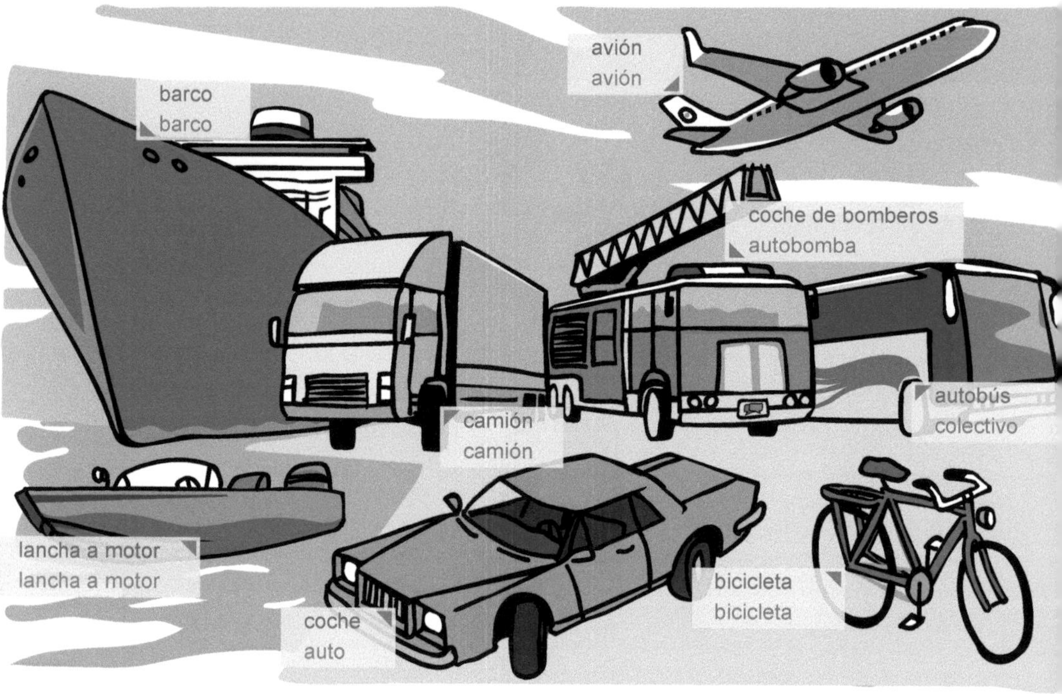
avión
avión
barco
barco
coche de bomberos
autobomba
autobús
colectivo
camión
camión
lancha a motor
lancha a motor
bicicleta
bicicleta
coche
auto

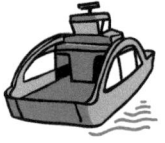

transbordador

ferry

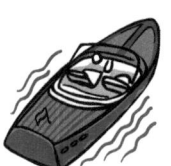

barca

bote

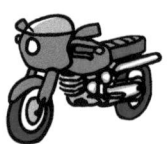

moto

moto

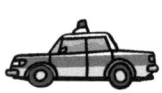

coche de policía

patrullero

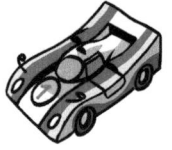

coche de carreras

auto de carreras

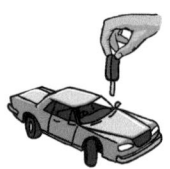

coche de alquiler

auto de alquiler

préstamo de vehículos

alquiler de autos

grúa

grúa

camión de la basura

camión de basura

motor

motor

gasolina

nafta

gasolinera

estación de servicio

señal de tráfico

señal de tránsito

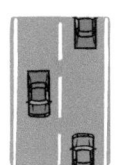

tráfico

tránsito

atasco

embotellamiento

aparcamiento

estacionamiento

estación de tren

estación de tren

vías

vías

tren

tren

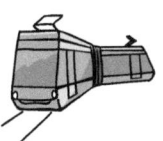

tranvía

tranvía

vagón

vagón

helicóptero

helicóptero

aeropuerto

aeropuerto

torre

torre

pasajero

pasajero

contenedor

contenedor

caja de cartón

caja de cartón

carretilla

carretilla

cesta

canasta

despegar / aterrizar

despegar / aterrizar

ciudad

ciudad

pueblo

pueblo

centro de ciudad

centro de ciudad

casa

casa

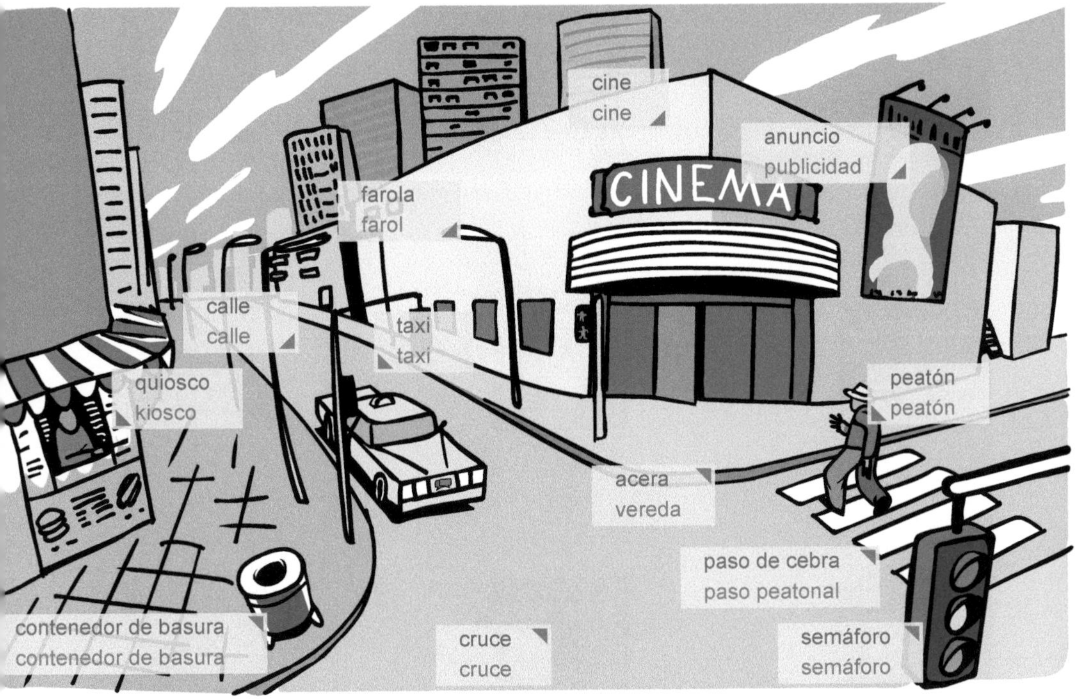

cine
cine

anuncio
publicidad

farola
farol

CINEMA

calle
calle

taxi
taxi

quiosco
kiosco

peatón
peatón

acera
vereda

paso de cebra
paso peatonal

contenedor de basura
contenedor de basura

cruce
cruce

semáforo
semáforo

cabaña
cabaña

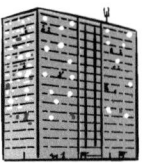

apartamento
departamento

estación de tren
estación de tren

ayuntamiento
municipalidad

museo
museo

escuela
colegio

ciudad - ciudad

universidad

universidad

banco

banco

hospital

hospital

hotel

hotel

farmacia

farmacia

oficina

oficina

librería

librería

tienda

negocio

floristería

florería

supermercado

supermercado

mercado

mercado

grandes almacenes

grandes tiendas

pescadería

pescadería

centro comercial

centro comercial

puerto

puerto

parque

parque

banco

banco

puente

puente

escaleras

escaleras

metro

subte

túnel

túnel

parada de autobús

parada del colectivo

bar

bar

restaurante

restaurante

buzón

buzón

poste indicador

letrero

parquímetro

parquímetro

zoo

zoológico

piscina

pileta

mezquita

mezquita

granja
granja

contaminación
contaminación

cementerio
cementerio

iglesia
iglesia

patio de juego
juegos infantiles

templo
templo

paisaje
paisaje

hoja
hoja

señal
poste indicador

camino
camino

prado
pradera

piedra
piedra

excursionista
excursionista

árbol
árbol

río
río

hierba
hierba

flor
flor

valle
....
valle

colina
....
montaña

lago
....
lago

bosque
....
bosque

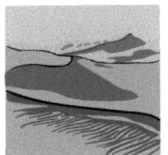

desierto
....
desierto

volcán
....
volcán

castillo
....
castillo

arcoíris
....
arco iris

champiñón
....
champiñón

palmera
....
palmera

mosquito
....
mosquito

mosca
....
mosca

hormiga
....
hormiga

abeja
....
abeja

araña
....
araña

escarabajo

escarabajo

rana

rana

ardilla

ardilla

erizo

erizo

liebre

liebre

lechuza

lechuza

pájaro

pájaro

cisne

cisne

jabalí

jabalí

ciervo

ciervo

alce

alce

presa

presa

turbina eólica

aerogenerador

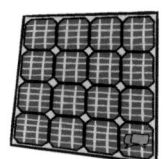

panel solar

panel solar

clima

clima

restaurante

restaurante

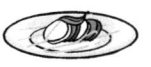

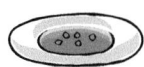

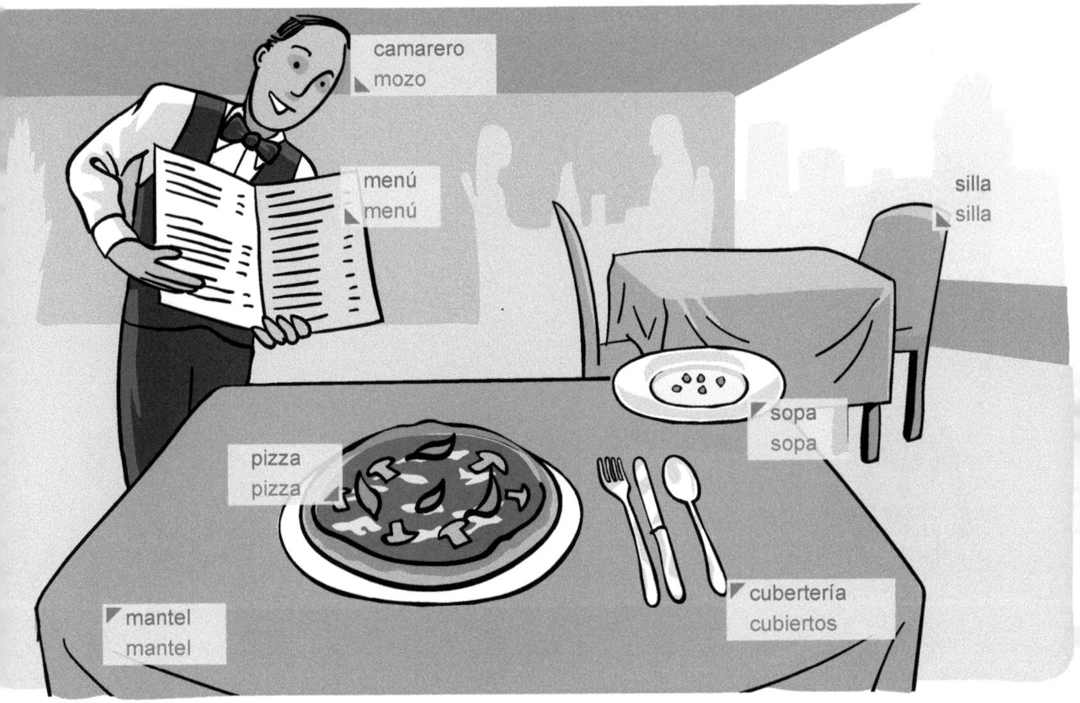
camarero
mozo
menú
menú
silla
silla
sopa
sopa
pizza
pizza
cubertería
cubiertos
mantel
mantel

primer plato

entrada

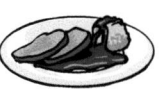

plato principal

plato principal

postre

postre

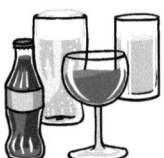

bebidas

bebidas

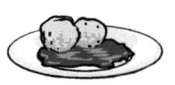

comida

comida

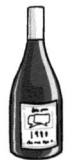

botella

botella

comida rápida
comida rápida

comida callejera
comida callejera

tetera
tetera

azucarero
azucarera

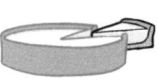

porción
porción

cafetera expreso
cafetera expreso

trona
sillita alta

cuenta
cuenta

bandeja
bandeja

cuchillo
cuchillo

tenedor
tenedor

cuchara
cuchara

cucharilla
cucharita

servilleta
servilleta

vaso
vaso

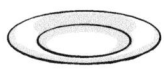

plato
plato

plato hondo
plato hondo

platillo
plato

salsa
salsa

salero
salero

molinillo de pimienta
molinillo de pimienta

vinagre
vinagre

aceite
aceite

especias
especias

ketchup
kétchup

mostaza
mostaza

mayonesa
mayonesa

supermercado
supermercado

oferta especial
oferta especial
FOR
cliente
cliente
lácteos
lácteos
fruta
fruta
carro de la compra
changuito

BUTCHERS

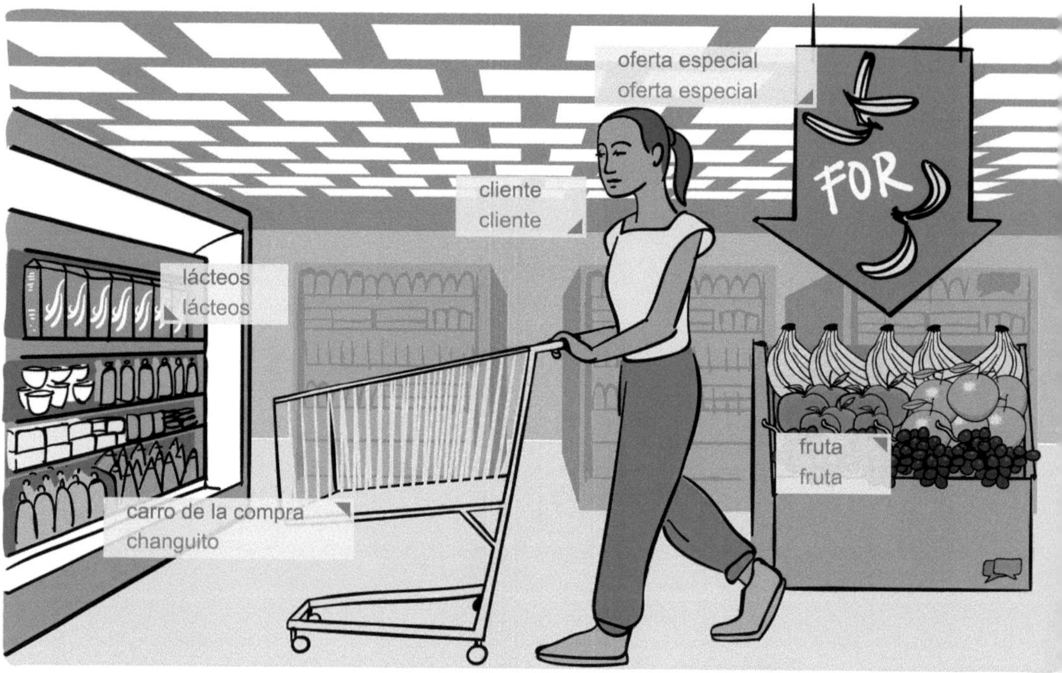

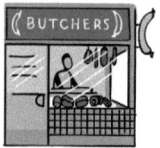

carnicería

carnicería

BAKERY

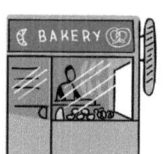

panadería

panadería

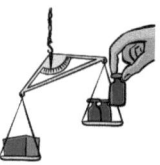

pesar

pesar

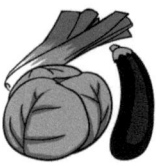

verduras

verduras

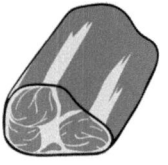

carne

carne

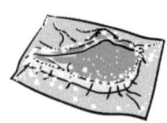

alimentos congelados

alimentos congelados

fiambres
....
fiambres

conservas
....
alimentos enlatados

detergente en polvo
....
detergente en polvo

dulces
....
golosinas

productos de uso doméstico
....
electrodomésticos

productos de limpieza
....
productos de limpieza

vendedora
....
vendedora

caja
....
caja

cajero
....
cajero

lista de la compra
....
lista de compras

horario de atención al
público
....
horario de atención

cartera
....
billetera

tarjeta de crédito
....
tarjeta de crédito

bolsa
....
cartera

bolsa de plástico
....
bolsa de plástico

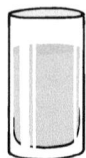

agua

agua

zumo

jugo

leche

leche

cola

bebida cola

vino

vino

cerveza

cerveza

alcohol

alcohol

cacao

cacao

té

té

café

café

expreso

café expreso

capuchino

cappuccino

plátano

banana

manzana

manzana

naranja

naranja

melón

melón

limón

limón

zanahoria

zanahoria

ajo

ajo

bambú

bambú

cebolla

cebolla

champiñón

champiñón

avellanas

nueces

fideos

fideos

espagueti

tallarines

arroz

arroz

ensalada

ensalada

patatas fritas

papas fritas

patatas fritas

papas fritas

pizza

pizza

hamburguesa

hamburguesa

sándwich

sándwich

filete

churrasco

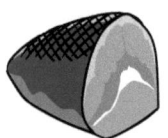

jamón

jamón

salami

salame

salchicha

salchicha

pollo

pollo

asado

asado

pescado

pescado

comida - comida

copos de avena
copos de avena

muesli
muesli

copos de maíz
copos de maíz

harina
harina

cruasán
medialuna

panecillo
pancito

pan
pan

tostada
tostada

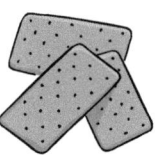

galletas
galletitas

mantequilla
manteca

cuajada
cuajada

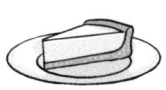

pastel
torta

huevo
huevo

huevo frito
huevo frito

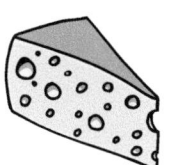

queso
queso

helado

helado

azúcar

azúcar

miel

miel

mermelada

mermelada

crema de turrón

pasta de chocolate

curry

curry

granja

granja

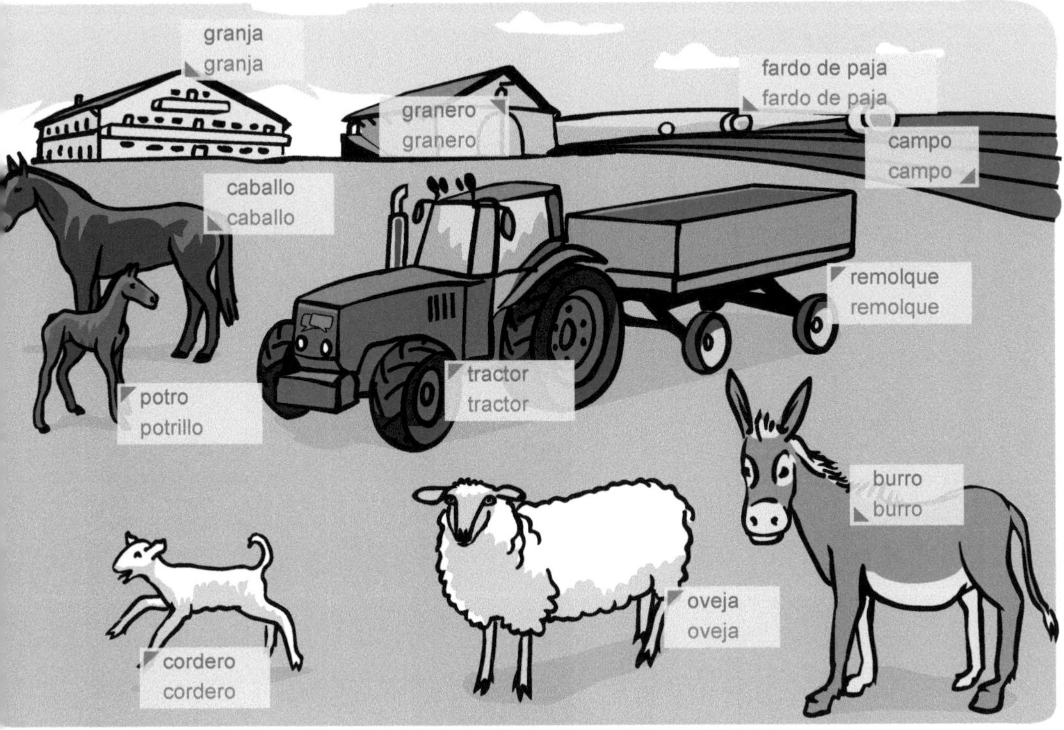
granja
granja
granero
granero
fardo de paja
fardo de paja
campo
campo
caballo
caballo
remolque
remolque
tractor
tractor
potro
potrillo
burro
burro
oveja
oveja
cordero
cordero

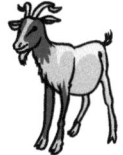

cabra
cabra

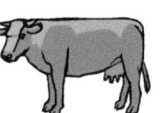

vaca
vaca

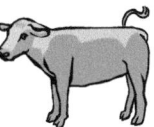

ternero
ternero

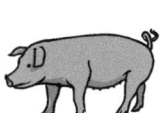

cerdo
cerdo

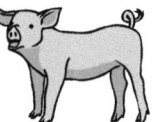

cerdito
lechón

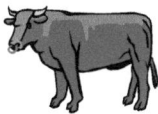

toro
toro

ganso

ganso

pato

pato

pollo

pollo

gallina

gallina

gallo

gallo

rata

rata

gato

ratón

buey

buey

perro

perrera

cucha

manguera

manguera

regadera

regadera

guadaña

guadaña

arado

arado

granja - granja

hoz

hoz

azada

azada

horca

horquilla

hacha

hacha

carretilla

carretilla

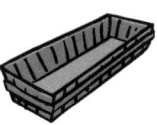

abrevadero

abrevadero

lechera

lechera

saco

bolsa

valla

reja

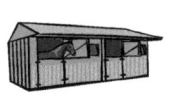

establo

establo

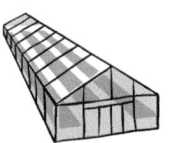

invernadero

invernadero

suelo

suelo

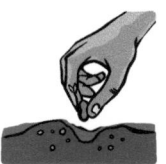

semilla

semilla

fertilizador

fertilizador

cosechadora

cosechadora

cosechar

cosechar

cosecha

cosecha

ñame

batatas

trigo

trigo

soja

soja

patata

papa

maíz

maíz

semilla de colza

semilla de colza

árbol frutal

árbol frutal

mandioca

mandioca

cereales

cereales

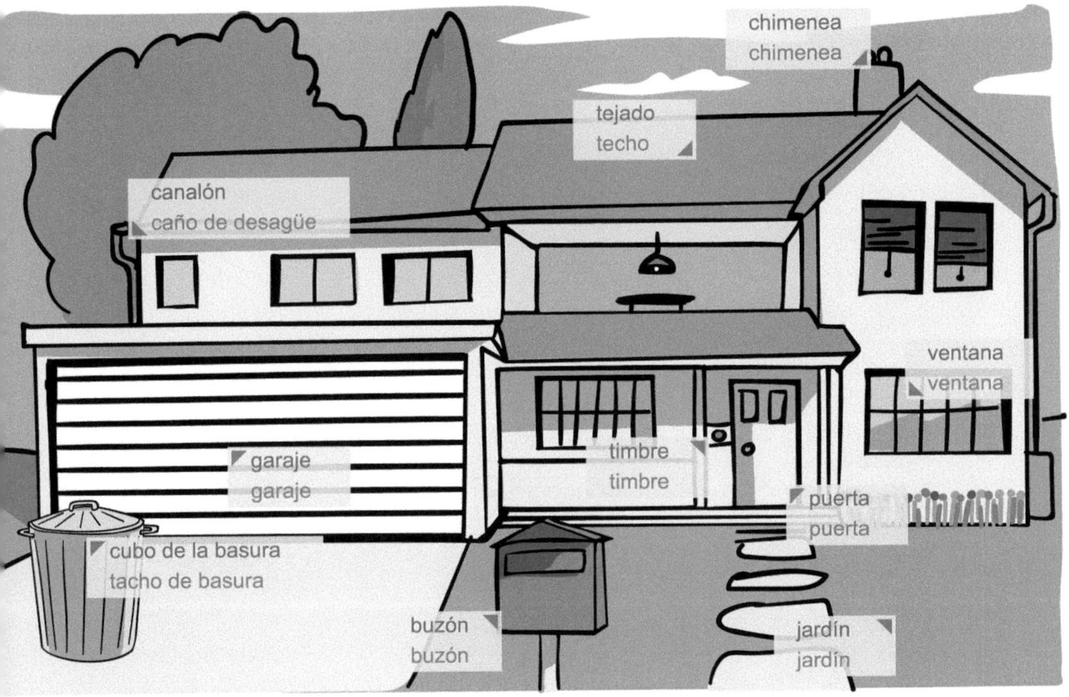

chimenea
chimenea

tejado
techo

canalón
caño de desagüe

ventana
ventana

garaje
garaje

timbre
timbre

puerta
puerta

cubo de la basura
tacho de basura

buzón
buzón

jardín
jardín

sala

living

cuarto de baño

baño

cocina

cocina

dormitorio

dormitorio

habitación de los niños

cuarto de los chicos

comedor

comedor

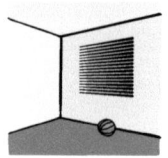

suelo

piso

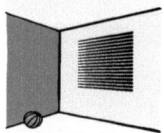

pared

pared

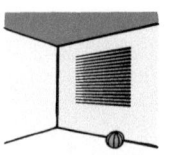

techo

cielorraso

sótano

sótano

sauna

sauna

balcón

balcón

terraza

terraza

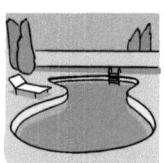

piscina

pileta

cortacésped

cortadora de pasto

sábana

sábana

colcha

acolchado

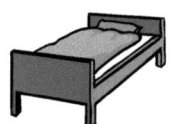

cama

cama

escoba

escoba

balde

balde

interruptor

interruptor

sala
living

papel pintado
empapelado
imagen
imagen
lámpara
lámpara
estante
estante
armario
armario
televisión
televisión
chimenea
chimenea
flor
flor
cojín
almohadón
sofá
sofá
jarrón
florero
mando a distancia
control remoto

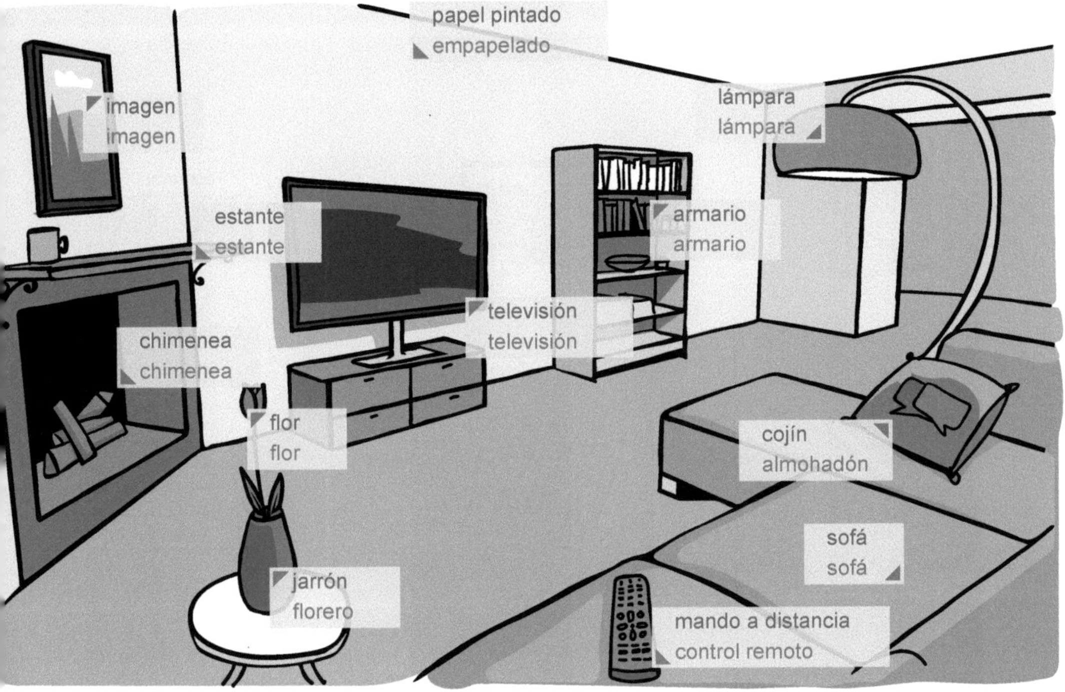

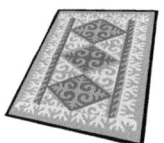

alfombra

alfombra

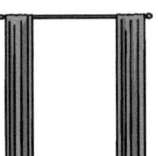

cortina

cortina

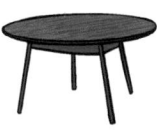

mesa

mesa

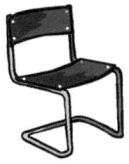

silla

silla

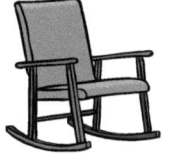

mecedora

mecedora

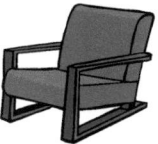

butaca

sillón

libro
libro

manta
frazada

decoración
decoración

leña
leña

película
película

equipo de música
equipo de música

llave
llave

periódico
diario

pintura
pintura

póster
póster

radio
radio

cuaderno
cuaderno

aspiradora
aspiradora

cactus
cactus

vela
vela

cocina
cocina

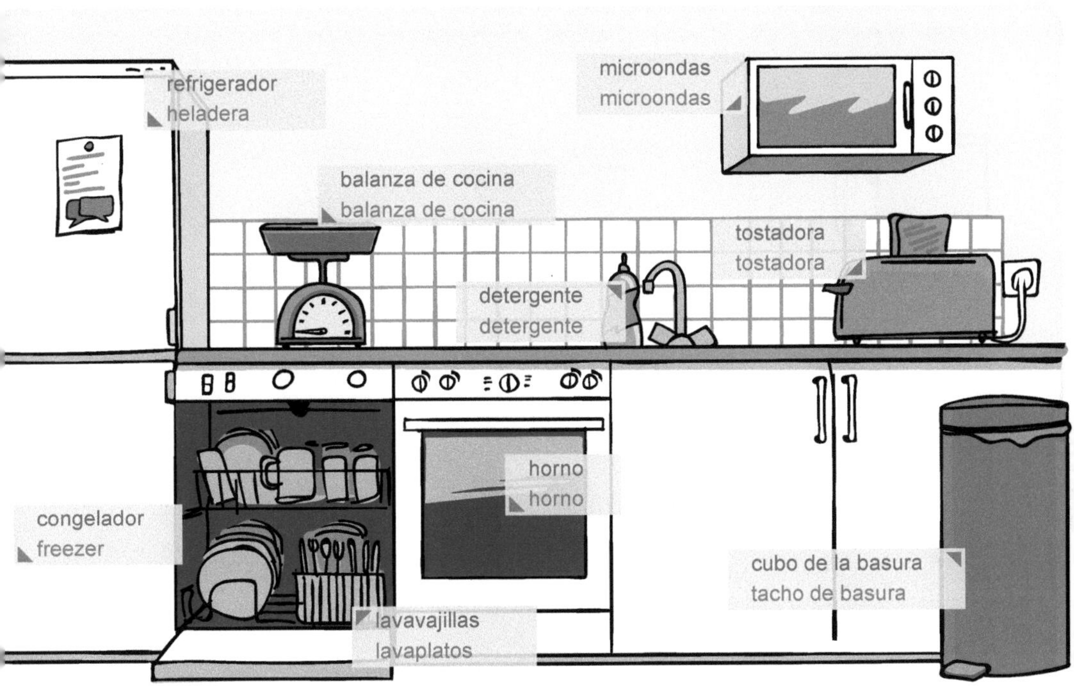
refrigerador
heladera
microondas
microondas
balanza de cocina
balanza de cocina
tostadora
tostadora
detergente
detergente
horno
horno
congelador
freezer
cubo de la basura
tacho de basura
lavavajillas
lavaplatos

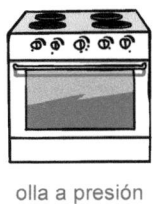

olla a presión
cocina

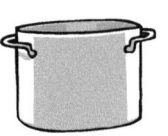

olla
olla

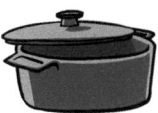

olla de hierro fundido
olla de hierro fundido

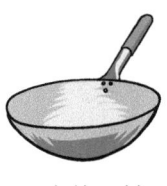

wok / karahi
wok

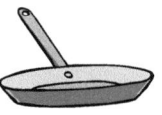

cazuela
sartén

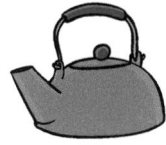

hervidor
pava

vaporera

vaporera

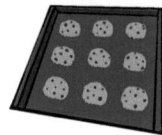

chapa de horno

bandeja de horno

vajilla

vajilla

taza

taza

tazón

bol

palillos

palitos

cucharón

cucharón

espumadera

estpátula

batidor

batidora

colador

colador

cedazo

colador

rallador

rallador

mortero

mortero

barbacoa

parrilla

hoguera

fogata

tabla de picar

tabla de picar

rodillo

palo de amasar

sacacorchos

sacacorchos

lata

lata

abrelatas

abrelatas

agarrador

manopla

lavabo

pileta

cepillo

cepillo

esponja

esponja

batidora

batidora

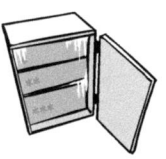

congelador

congelador

biberón

mamadera

grifo

canilla

cuarto de baño

baño

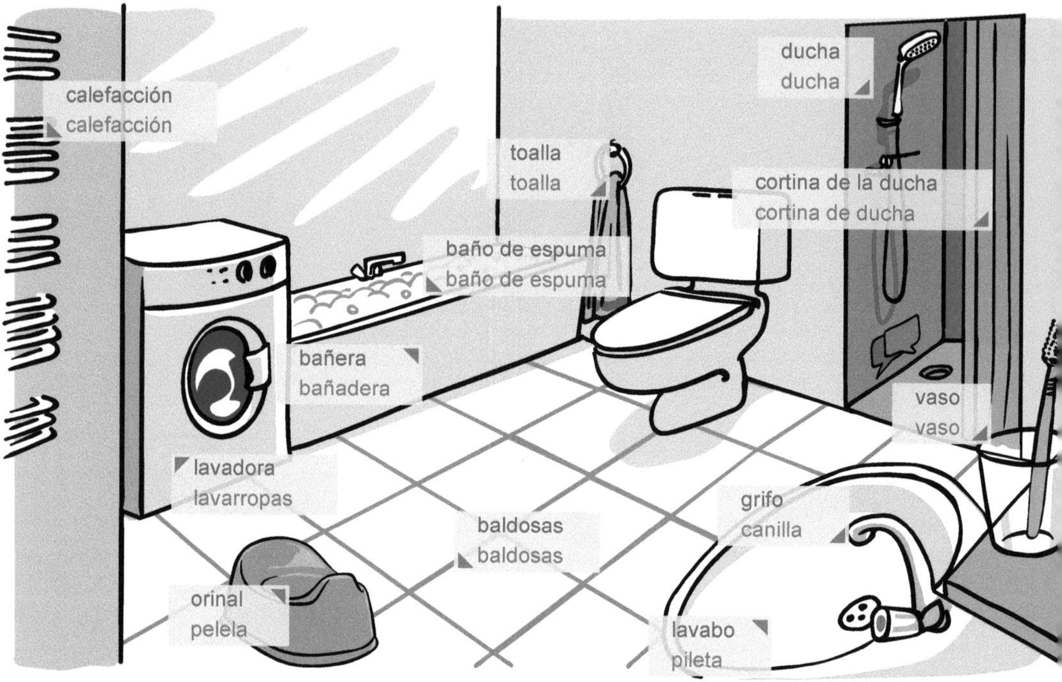

calefacción
calefacción
ducha
ducha
toalla
toalla
cortina de la ducha
cortina de ducha
baño de espuma
baño de espuma
bañera
bañadera
lavadora
lavarropas
vaso
vaso
grifo
canilla
baldosas
baldosas
orinal
pelela
lavabo
pileta

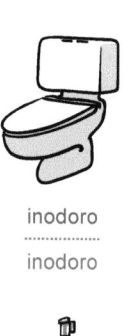

inodoro

inodoro

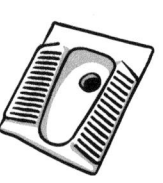

inodoro rústico

letrina

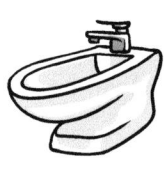

bidé

bidé

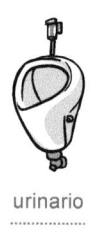

urinario

mingitorio

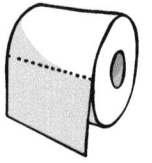

papel higiénico

papel higiénico

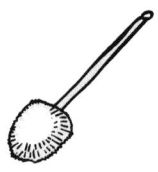

escobilla del váter

cepillo para el inodoro

cepillo de dientes
....
cepillo de dientes

pasta de dientes
....
dentífrico

hilo dental
....
hilo dental

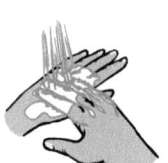

lavar
....
lavar

ducha de mano
....
ducha de mano

ducha íntima
....
ducha higiénica

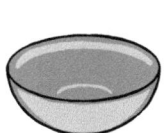

pila
....
palangana

cepillo de espalda
....
cepillo para espalda

jabón
....
jabón

gel de ducha
....
gel de ducha

champú
....
shampoo

toallita
....
toallita

desagüe
....
desagüe

crema
....
crema

desodorante
....
desodorante

espejo
espejo

espejo de tocador
espejito

maquinilla de afeitar
maquinita de afeitar

espuma de afeitar
espuma de afeitar

loción postafeitado
aftershave

peine
peine

cepillo
cepillo

secador
secador de pelo

laca
spray

maquillaje
maquillaje

pintalabios
lápiz de labios

pintauñas
esmalte para uñas

algodón
algodón

cortauñas
tijera para uñas

perfume
perfume

estuche de viaje

portacosméticos

banqueta

banqueta

balanza

balanza

albornoz

bata

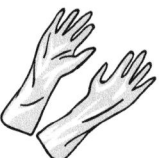

guantes de goma

guantes de goma

tampón

tampón

compresa

toallita femenina

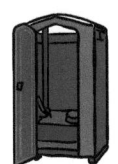

inodoro químico

baño químico

habitación de los niños
cuarto de los chicos

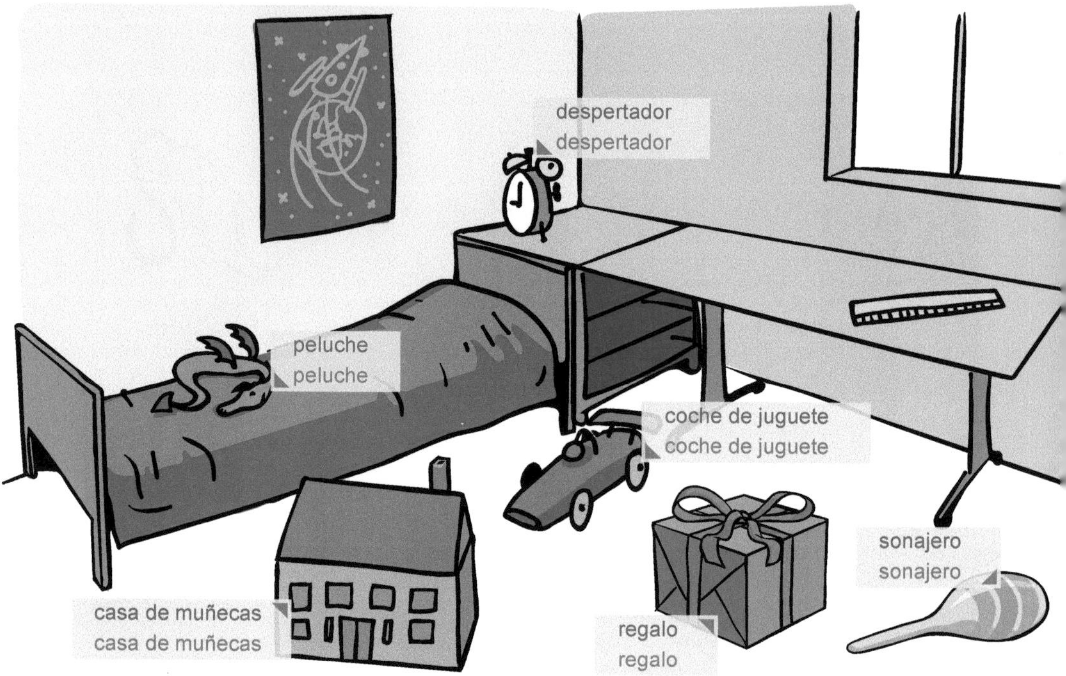
despertador
despertador
peluche
peluche
coche de juguete
coche de juguete
sonajero
sonajero
casa de muñecas
casa de muñecas
regalo
regalo

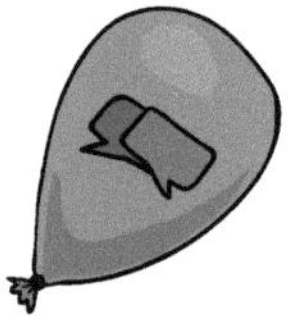

globo

globo

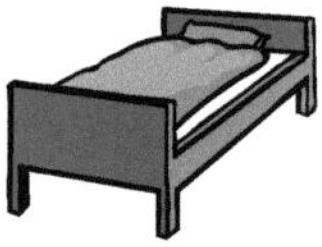

cama

cama

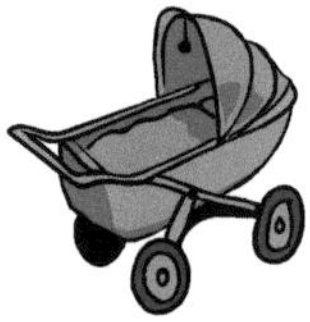

coche de niño

cochecito

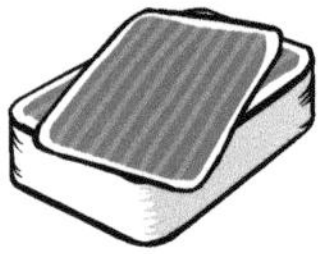

naipes

cartas

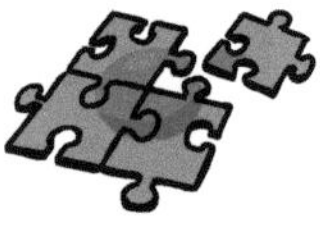

puzle

rompecabezas

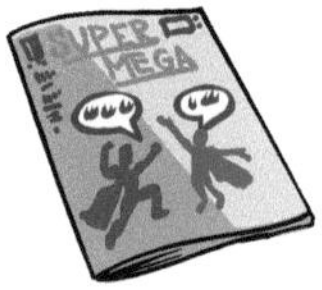
SUPER MEGA

tebeo

historieta

piezas de lego
piezas de lego

bloques de juguete
ladrillos de juguete

figura de acción
figura de acción

bodi (de bebé)
enterito (de bebé)

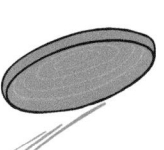

frisbee
frisbee

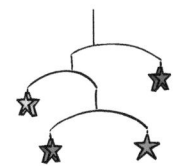

colgador móvil para bebés
móvil para bebés

juego de mesa
juego de mesa

dados
dados

circuito de tren eléctrico

tren eléctrico

maniquí
chupete

fiesta
fiesta

álbum de fotos
libro de cuentos ilustrado

pelota
pelota

muñeca
muñeca

jugar
jugar

cajón de arena

arenero

columpio

hamaca

juguetes

juguetes

videoconsola

consola de videojuegos

triciclo

triciclo

oso de peluche

osito de peluche

guardarropa

armario

ropa

ropa

calcetines

medias

medias

medias panty

leotardos

calzas

bufanda
bufanda

cinturón
cinturón

paraguas
paraguas

camiseta
remera

deportivas
zapatillas

botas
botas

zapatillas
pantuflas

sandalias
....
sandalias

zapatos
....
zapatos

botas de goma
....
botas de goma

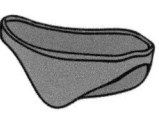

slip
....
ropa interior

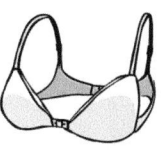

sostén
....
corpiño

chaleco
....
chaleco

bodi
body

pantalones
pantalones

vaqueros
jeans

falda
pollera

blusa
blusa

camisa
camisa

jersey
pulóver

suéter
buzo

blazer
blazer

chaqueta
campera

abrigo
tapado

gabardina
piloto

traje
traje

vestido
vestido

vestido de novia
vestido de novia

traje

traje

camisón

camisón

pijama

pijama

sari

sari

bandana

pañuelo para cabeza

turbante

turbante

burka

burka

caftán

caftán

abaya

abaya

traje de baño

traje de baño

bañador

short de baño

pantalones cortos

shorts

chándal

jogging

delantal

delantal

guantes

guantes

botón
botón

gafas
anteojos

brazalete
pulsera

collar
collar

anillo
anillo

pendiente
aro

gorra
gorra

percha
percha

sombrero
sombrero

corbata
corbata

cremallera
cierre

casco
casco

tirantes
tiradores

uniforme escolar
uniforme escolar

uniforme
uniforme

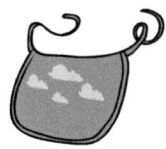

babero

babero

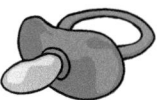

maniquí

chupete

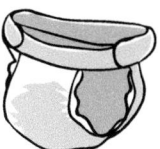

pañal

pañal

oficina

oficina

servidor
servidor
archivo
archivero
impresora
impresora
papel
papel
monitor
monitor
ratón
mouse
escritorio
escritorio
carpeta
carpeta
teclado
teclado
papelera
tacho (de basura)
ordenador
computadora
silla
silla

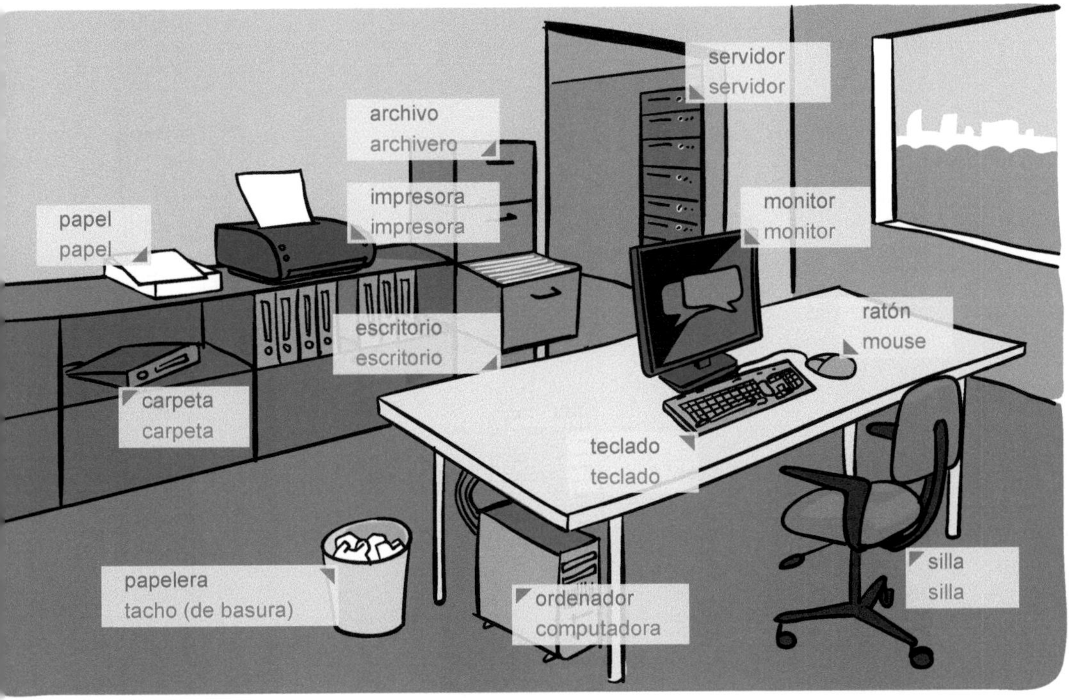

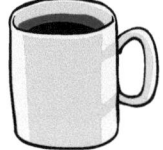

taza de café

taza de café

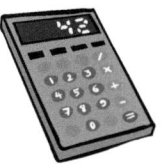

calculadora

calculadora

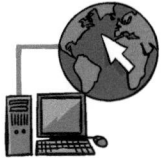

internet

internet

portátil
....
laptop

carta
....
carta

mensaje
....
mensaje

móvil
....
celular

red
....
red

fotocopiadora
....
fotocopiadora

software
....
software

teléfono
....
teléfono

toma de corriente
....
tomacorriente

fax
....
fax

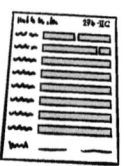

formulario
....
formulario

documento
....
documento

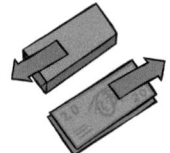

comprar

comprar

pagar

pagar

comerciar

hacer negocios

dinero

dinero

 **USD**

dólar

dólar

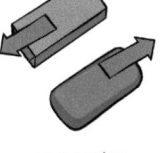 **EUR**

euro

euro

 **JPY**

yen

yen

 **RUB**

rublo

rublo

 **CHF**

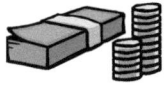

franco suizo

franco suizo

 **CNY**

renminbi yuan

yuan

 **INR**

rupia

rupia

cajero automático

cajero automático

oficina de cambio de divisas

casa de cambio

oro

oro

plata

plata

petróleo

petróleo

energía

energía

precio

precio

contrato

contrato

impuesto

impuesto

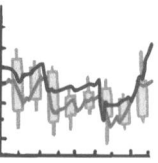

acción

acción

trabajar

trabajar

empleado

empleado

empleador

empleador

fábrica

fábrica

tienda

negocio

oficios
ocupaciones

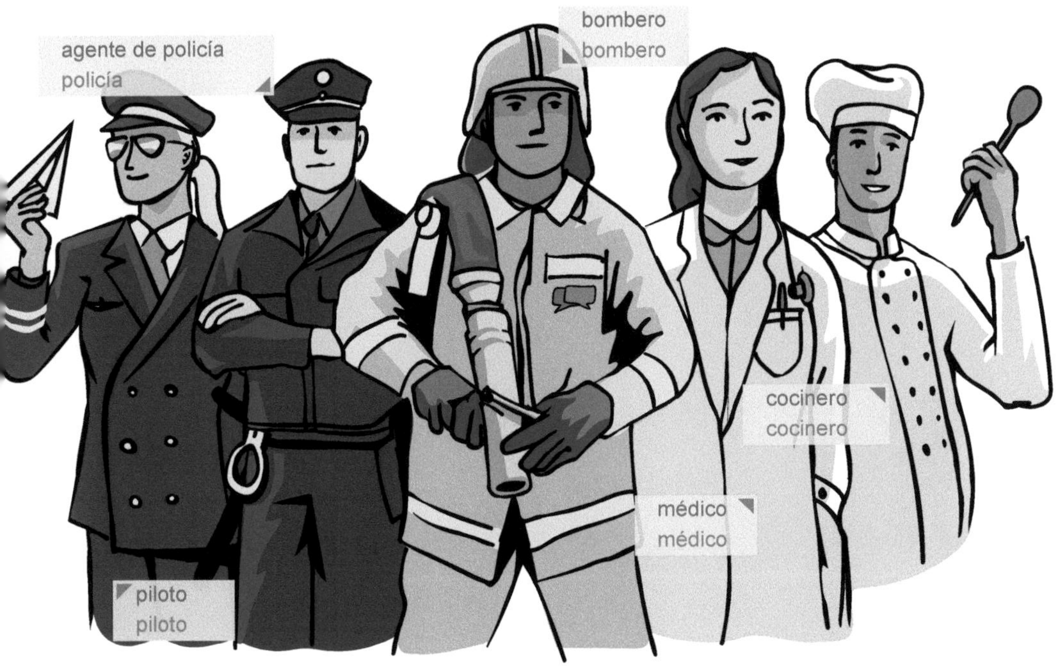
agente de policía
policía
bombero
bombero
cocinero
cocinero
médico
médico
piloto
piloto

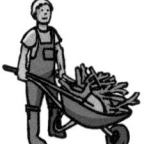

jardinero

jardinero

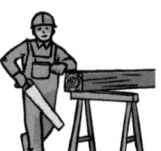

carpintero

carpintero

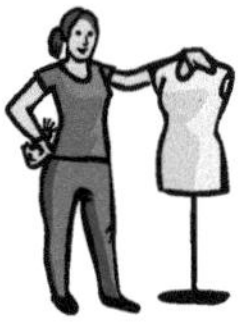

costurera

modista

juez

juez

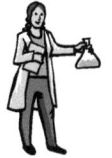

farmacéutico

farmacéutico

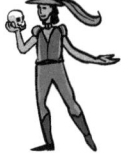

actor

actor

conductor de autobús

colectivero

taxista

taxista

pescador

pescador

señora de la limpieza

mucama

techador

techista

camarero

mozo

cazador

cazador

pintor

pintor

panadero

panadero

electricista

electricista

obrero

albañil

ingeniero

ingeniero

carnicero

carnicero

fontanero

plomero

cartero

cartero

soldado

soldado

arquitecto

arquitecto

cajero

cajero

florista

florista

peluquero

peluquero

revisor

cobrador

mecánico

mecánico

capitán

capitán

dentista

dentista

científico

científico

rabino

rabino

imán

imán

monje

monje

sacerdote

sacerdote

herramientas
herramientas

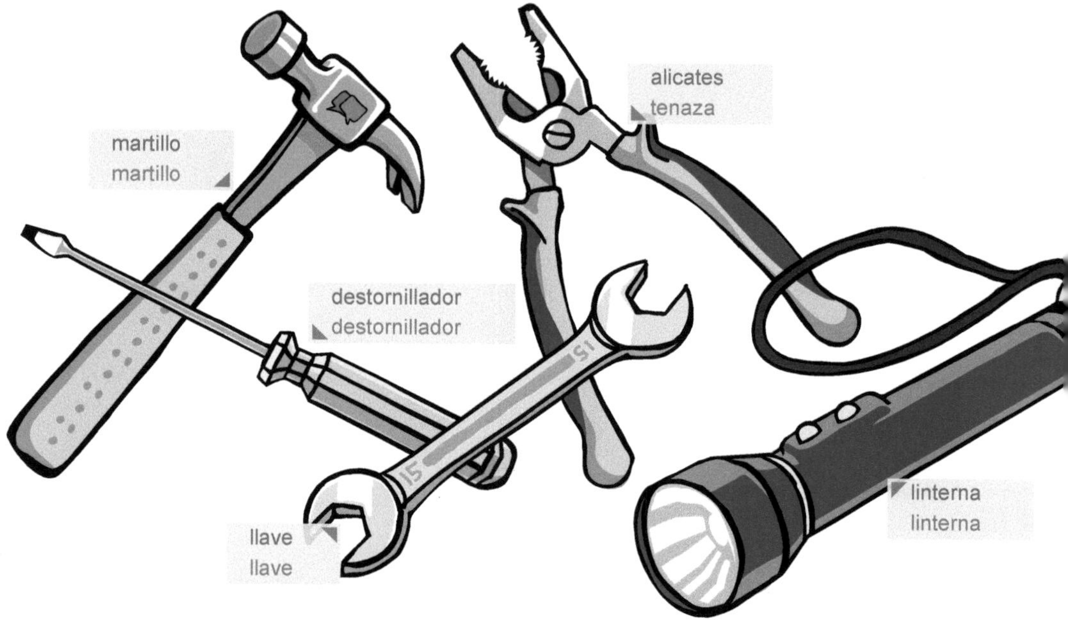
martillo
martillo
alicates
tenaza
destornillador
destornillador
llave
llave
linterna
linterna

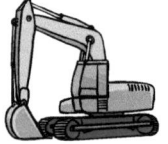

excavadora

excavadora

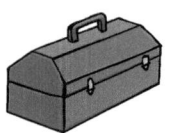

caja de herramientas

caja de herramientas

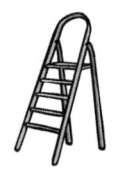

escalera de mano

escalera portátil

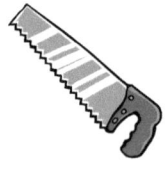

sierra

sierra

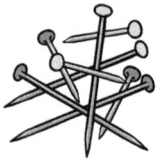

clavos

clavos

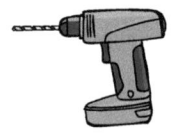

taladro

taladro

reparar
....
arreglar

pala
....
pala de jardín

¡Maldita sea!
....
¡Qué bronca!

recogedor
....
pala de plástico

bote de pintura
....
tacho de pintura

tornillos
....
tornillos

instrumentos musicales
instrumentos musicales

batería
batería

altavoz
parlante

guitarra
guitarra

contrabajo
contrabajo

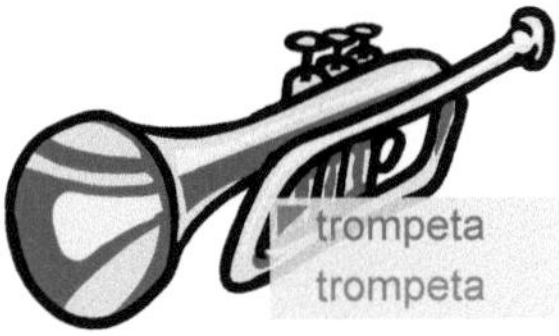

trompeta
trompeta

piano

piano

violín

violín

bajo

bajo

timbales

timbales

tambor

tambor

teclado

teclado

saxofón

saxofón

flauta

flauta

micrófono

micrófono

zoo

zoológico

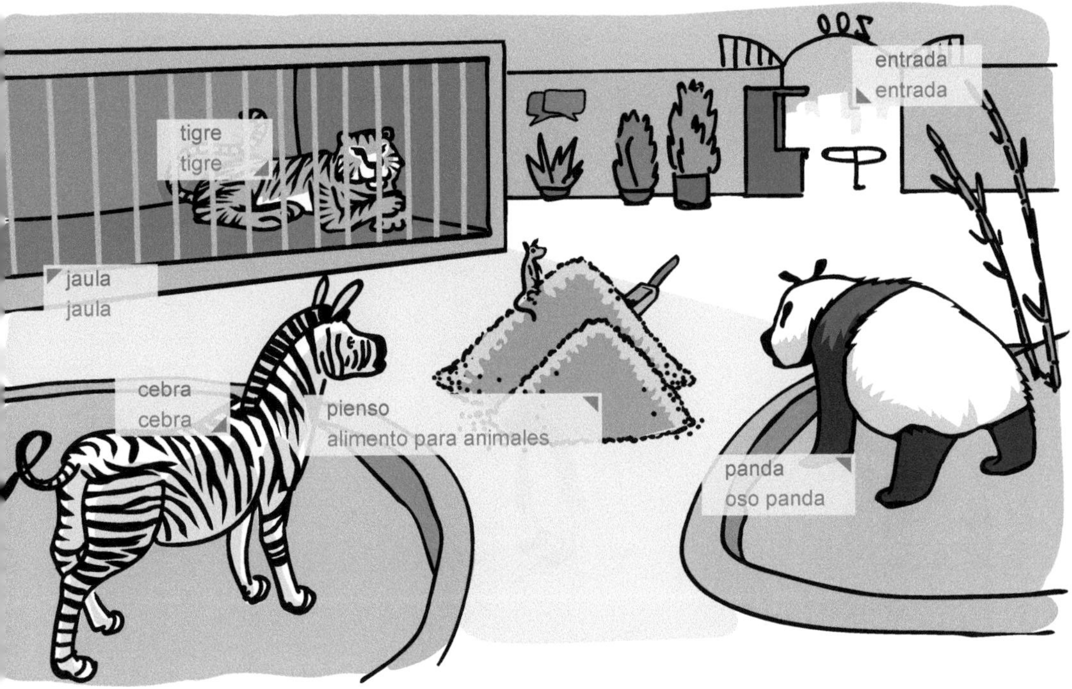

entrada
entrada
tigre
tigre
jaula
jaula
cebra
cebra
pienso
alimento para animales
panda
oso panda

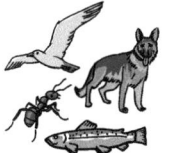

animales

animales

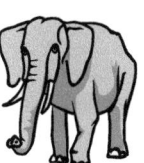

elefante

elefante

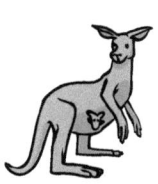

canguro

canguro

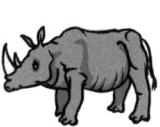

rinoceronte

rinoceronte

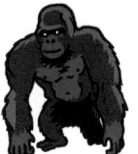

gorila

gorila

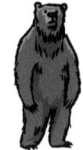

oso

oso

camello

camello

avestruz

avestruz

león

león

mono

mono

flamingo

flamenco

loro

loro

oso polar

oso polar

pingüino

pingüino

tiburón

tiburón

pavo real

pavo real

serpiente

serpiente

cocodrilo

cocodrilo

guardián de zoológico

cuidador del zoológico

foca

foca

jaguar

jaguar

zoo - zoológico

poni
poni

leopardo
leopardo

hipopótamo
hipopótamo

jirafa
jirafa

águila
águila

jabalí
jabalí

pescado
pescado

tortuga
tortuga

morsa
morsa

zorro
zorro

gacela
gacela

fútbol americano
fútbol americano

ciclismo
ciclismo

tenis
tenis

baloncesto
básquet

natación
natación

boxeo
boxeo

hockey sobre hielo
hockey sobre hielo

fútbol
fútbol

bádminton
bádminton

atletismo
atletismo

balonmano
handball

esquí
esquí

polo
polo

actividades
actividades

reír
reír
saltar
saltar
abrazar
abrazar
caminar
caminar
cantar
cantar
soñar
soñar
rezar
rezar
besar
besar

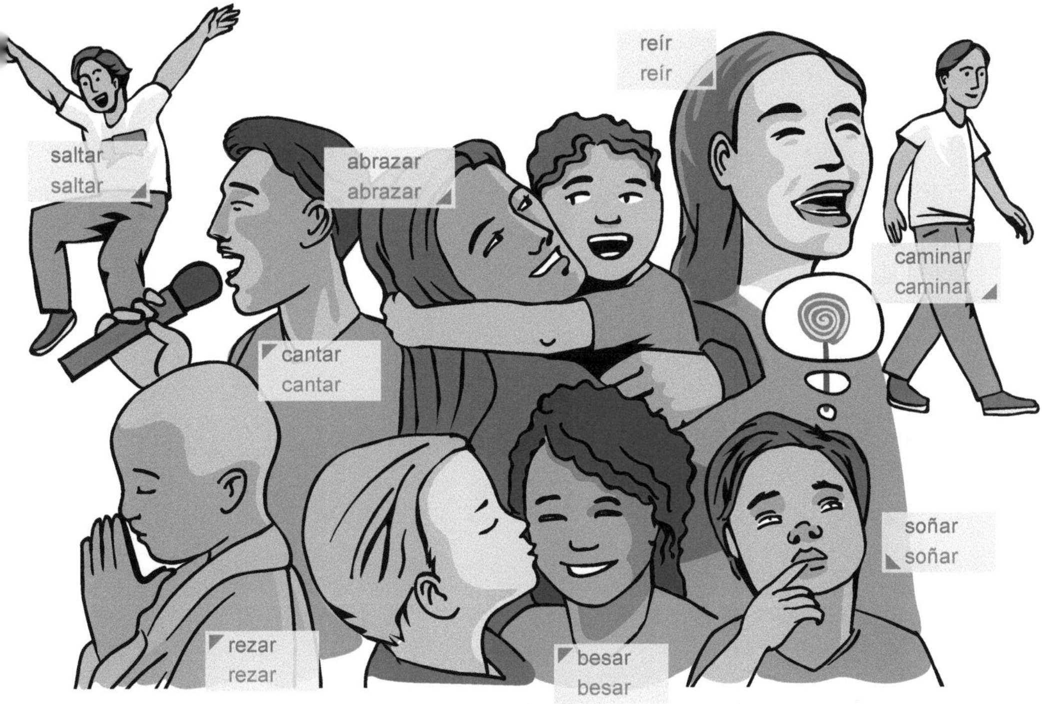

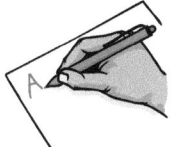

escribir
escribir

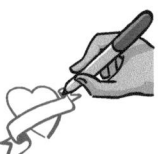

dibujar
dibujar

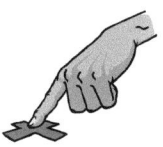

mostrar
mostrar

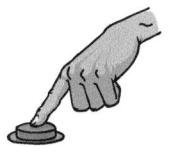

empujar
presionar

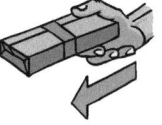

dar
dar

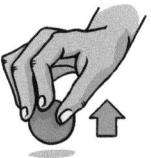

tomar
tomar

tener

tener

hacer

hacer

ser

ser

estar de pie

estar parado

correr

correr

tirar

tirar

tirar

tirar

caer

caer

yacer

estar acostado

esperar

esperar

llevar

llevar

estar sentado

estar sentado

vestirse

vestirse

dormir

dormir

despertar

despertar

mirar

mirar

llorar

llorar

acariciar

acariciar

peinar

peinar

hablar

hablar

entender

entender

preguntar

preguntar

escuchar

escuchar

beber

beber

comer

comer

ordenar

ordenar

amar

amar

cocinar

cocinar

conducir

manejar

volar

volar

navegar

navegar

calcular

calcular

leer

leer

aprender

aprender

trabajar

trabajar

casarse

casarse

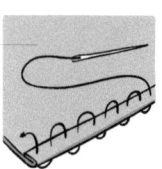

coser

coser

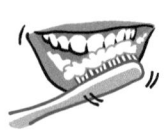

cepillarse los dientes

cepillarse los dientes

matar

matar

fumar

fumar

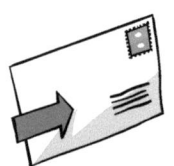

enviar

enviar

familia
familia

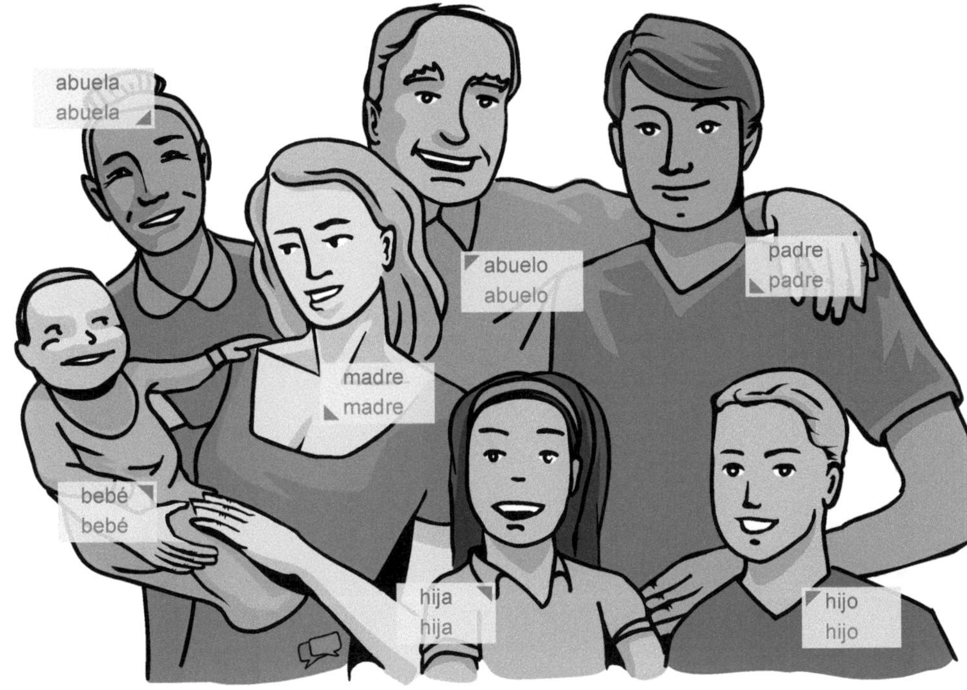
abuela
abuela
abuelo
abuelo
padre
padre
madre
madre
bebé
bebé
hija
hija
hijo
hijo

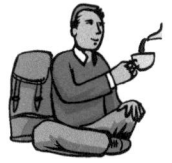

invitado

invitado

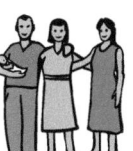

tía

tía

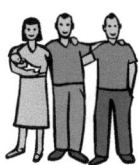

tío

tío

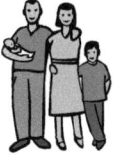

hermano

hermano

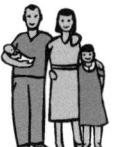

hermana

hermana

cuerpo
cuerpo

frente
frente
ojo
ojo
hombro
hombro
dedo
dedo
cara
cara
barbilla
pera
mano
mano
pecho
pecho
pierna
pierna
brazo
brazo

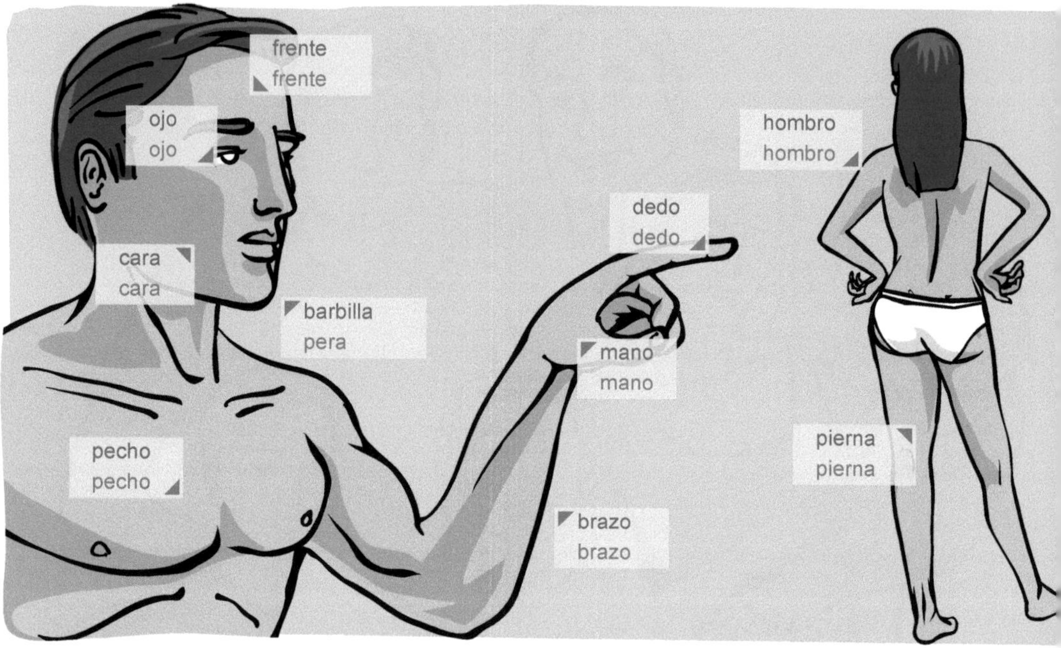

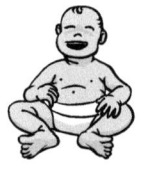

bebé
bebé

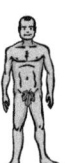

hombre
hombre

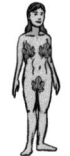

mujer
mujer

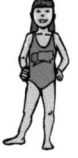

chica
nena

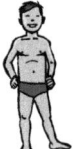

chico
nene

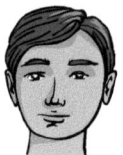

cabeza
cabeza

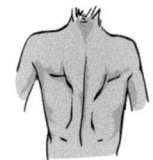

espalda
....
espalda

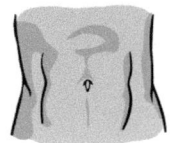

vientre
....
panza

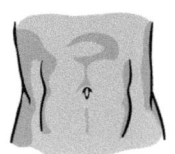

ombligo
....
ombligo

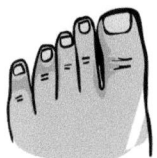

dedo del pie
....
dedo del pie

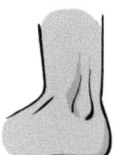

talón
....
talón

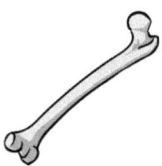

hueso
....
hueso

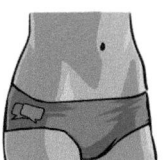

cadera
....
cadera

rodilla
....
rodilla

codo
....
codo

nariz
....
nariz

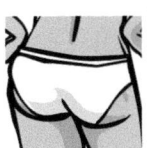

trasero
....
cola

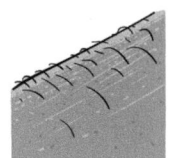

piel
....
piel

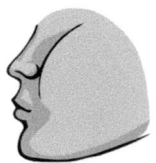

mejilla
....
cachete

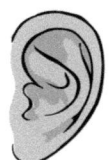

oído
....
oreja

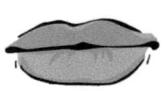

labio
....
labio

boca
boca

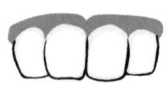

diente
diente

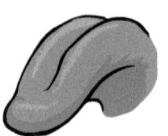

lengua
lengua

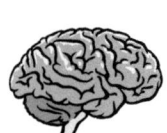

cerebro
cerebro

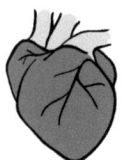

corazón
corazón

músculo
músculo

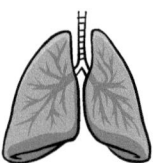

pulmón
pulmón

hígado
hígado

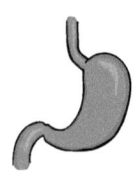

estómago
estómago

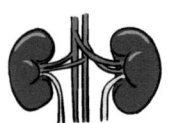

riñones
riñones

sexo
sexo

condón
preservativo

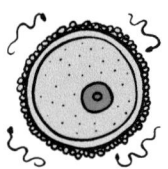

ovario
óvulo

semen
semen

embarazo
embarazo

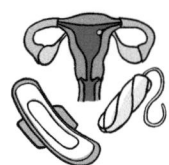

menstruación
menstruación

vagina
vagina

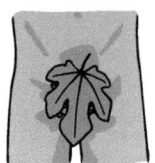

pene
pene

ceja
ceja

pelo
pelo

cuello
cuello

hospital
hospital

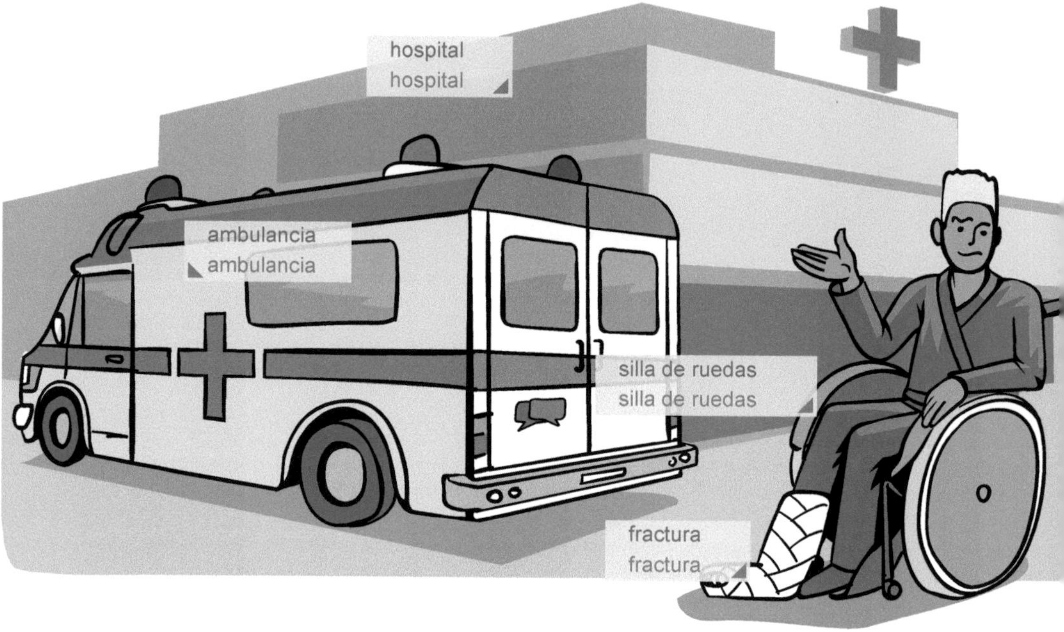

hospital
hospital
ambulancia
ambulancia
silla de ruedas
silla de ruedas
fractura
fractura

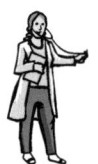

médico
médico

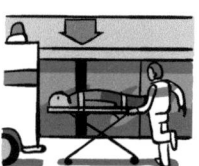

sala de urgencias
sala de guardia

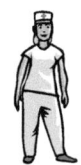

enfermera
enfermera

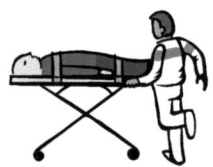

urgencia
emergencia

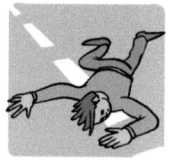

inconsciente
inconsciente

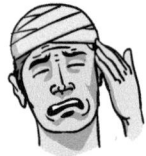

dolor
dolor

lesión
lesión

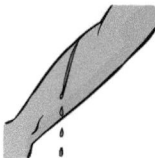

hemorragia
hemorragia

infarto
infarto

ictus
ACV

alergia
alergia

tos
tos

fiebre
fiebre

gripe
gripe

diarrea
diarrea

dolor de cabeza
dolor de cabeza

cáncer
cáncer

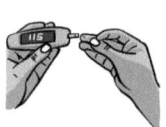

diabetes
diabetes

cirujano
cirujano

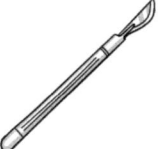

bisturí
bisturí

operación
operación

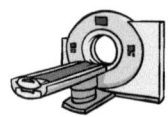

TAC
TC

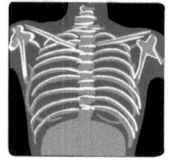

rayos x
rayos x

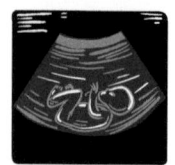

ultrasonido
ecografía

mascarilla
barbijo

enfermedad
enfermedad

sala de espera
sala de espera

muleta
muleta

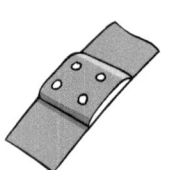

tirita
curita

venda
venda

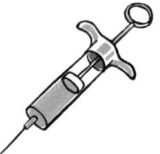

inyección
inyección

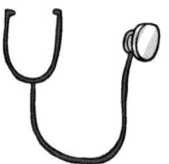

estetoscopio
estetoscopio

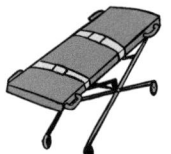

camilla
camilla

termómetro
termómetro

nacimiento
nacimiento

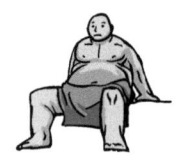

sobrepeso
sobrepeso

audífono
....
audífono

desinfectante
....
desinfectante

infección
....
infección

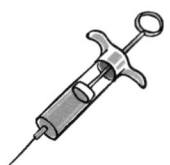

virus
....
virus

VIH / SIDA
....
VIH / SIDA

medicina
....
remedio

vacunación
....
vacunación

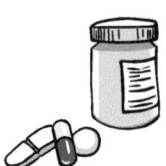

tabletas
....
comprimidos

pastilla
....
pastilla anticonceptiva

llamada de urgencia
....
llamada de emergencia

tensiómetro
....
tensiómetro

enfermo / sano
....
enfermo / sano

¡Socorro!

¡Ayuda!

alarma

alarma

asalto

agresión

ataque

ataque

peligro

peligro

salida de emergencia

salida de emergencia

¡Fuego!

¡Fuego!

extintor de incendios

matafuego

accidente

accidente

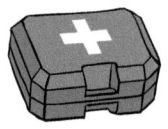

botiquín de primeros
auxilios

botiquín de primeros
auxilios

SOS

SOS

policía

policía

Europa

Europa

Norteamérica

América del Norte

Sudamérica

América del Sur

África

África

Asia

Asia

Australia

Australia

Atlántico

Atlántico

Pacífico

Pacífico

Océano Índico

Océano Índico

Océano Antártico

Océano Antártico

Océano Ártico

Océano Ártico

polo norte

polo norte

polo sur

polo sur

Antártida

Antártida

tierra

Tierra

tierra

tierra

mar

mar

isla

isla

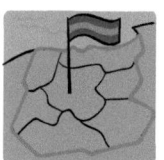

nación

nación

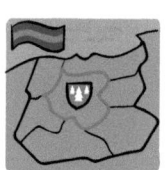

estado

estado

tierra - Tierra

esfera

esfera

manecilla de las horas

manecilla de las horas

minutero

minutero

segundero

segundero

¿Qué hora es?

¿Qué hora es?

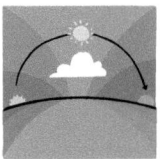

día

día

tiempo

hora

ahora

ahora

reloj digital

reloj digital

minuto

minuto

hora

hora

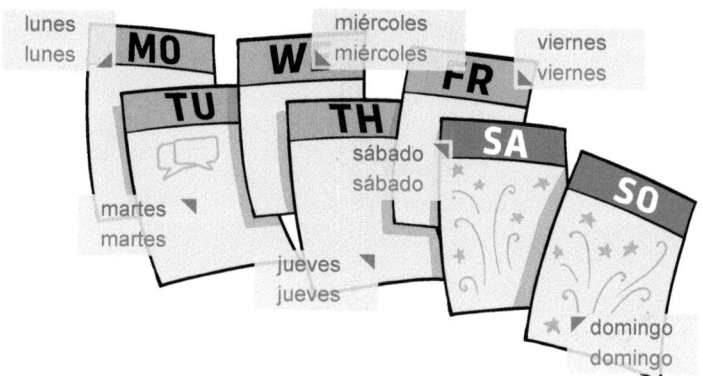

lunes
lunes

miércoles
miércoles

viernes
viernes

martes
martes

sábado
sábado

jueves
jueves

domingo
domingo

ayer
ayer

hoy
hoy

mañana
mañana

mañana
mañana

mediodía
mediodía

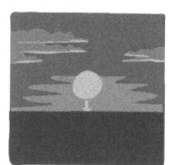

tarde
tarde

MO	TU	WE	TH	FR	SA	SU
1	2	3	4	5	6	7
8	9	10	11	12	13	14
15	16	17	18	19	20	21
22	23	24	25	26	27	28
29	30	31	1	2	3	4

días laborables
días hábiles

MO	TU	WE	TH	FR	SA	SU
1	2	3	4	5	6	7
8	9	10	11	12	13	14
15	16	17	18	19	20	21
22	23	24	25	26	27	28
29	30	31	1	2	3	4

fin de semana
fin de semana

año

año

lluvia
lluvia
arcoíris
arco iris
viento
viento
nieve
nieve
primavera
primavera
otoño
otoño
verano
verano
invierno
invierno

4.APRIL 11°
5.APRIL 4°
6.APRIL 13°
7.APRIL 8°
8.APRIL 10°

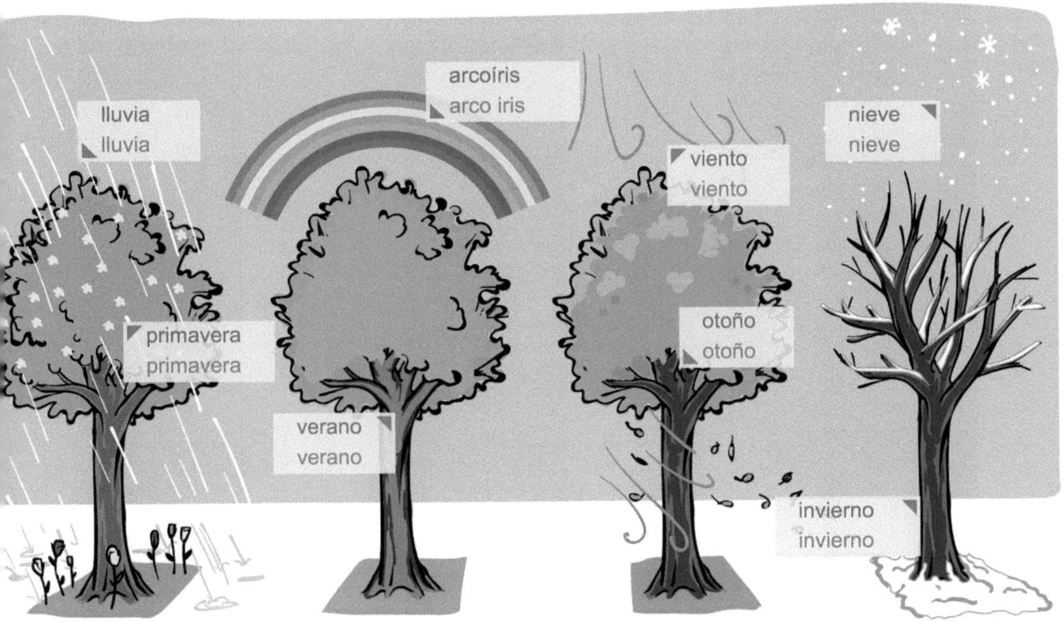

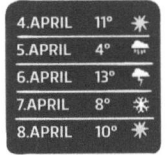

pronóstico del tiempo

pronóstico meteorológico

F C
120 40
90 30
60 20
30 10
0 0
-30 -10
-20

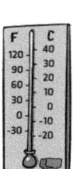

termómetro

termómetro

sol

luz del sol

nube

nube

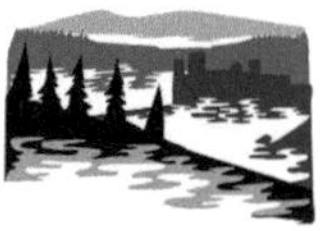

niebla

niebla

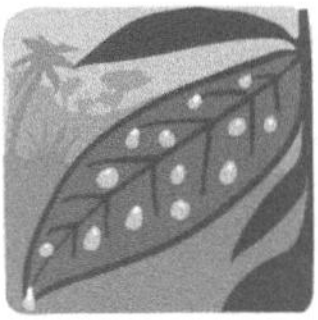

humedad

humedad

rayo

rayo

trueno

trueno

tormenta

tormenta

granizo

granizo

monzón

monzón

inundación

inundación

hielo

hielo

enero

enero

febrero

febrero

marzo

marzo

abril

abril

mayo

mayo

junio

junio

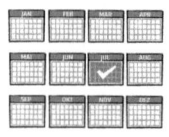

julio

julio

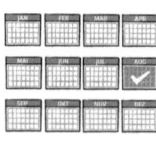

agosto

agosto

año - año

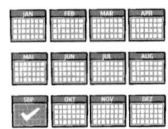

septiembre
....
septiembre

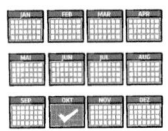

octubre
....
octubre

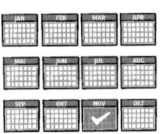

noviembre
....
noviembre

diciembre
....
diciembre

formas

formas

círculo
....
círculo

cuadrado
....
cuadrado

rectángulo
....
rectángulo

triángulo
....
triángulo

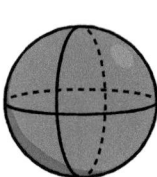

esfera
....
esfera

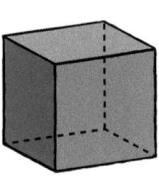

cubo
....
cubo

blanco
....
blanco

amarillo
....
amarillo

anaranjado
....
naranja

rosa
....
rosa

rojo
....
rojo

morado
....
violeta

azul
....
azul

verde
....
verde

marrón
....
marrón

gris
....
gris

negro
....
negro

mucho / poco

mucho / poco

enojado / tranquilo

enojado / tranquilo

bonito / feo

lindo / feo

principio / fin

principio / fin

grande / pequeño

grande / chico

claro / oscuro

claro / oscuro

hermano / hermana

hermano / hermana

limpio / sucio

limpio / sucio

completo / incompleto

completo / incompleto

día / noche

día / noche

muerto / vivo

muerto / vivo

ancho / estrecho

ancho / angosto

comestible / no comestible

comestible / no comestible

malo / amable

malo / amable

entusiasmado / aburrido

entusiasmado / aburrido

gordo / delgado

gordo / flaco

primero / último

primero / último

amigo / enemigo

amigo / enemigo

lleno / vacío

lleno / vacío

duro / blando

duro / blando

pesado / ligero

pesado / liviano

hambre / sed

hambre / sed

enfermo / sano

enfermo / sano

ilegal / legal

ilegal / legal

inteligente / tonto

inteligente / estúpido

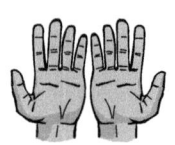

izquierda / derecha

izquierda / derecha

cerca / lejos

cerca / lejos

nuevo / usado
nuevo / usado

nada / algo
nada / algo

viejo / joven
viejo / joven

encendido / apagado
encendido / apagado

abierto / cerrado
abierto / cerrado

silencioso / ruidoso
silencioso / ruidoso

rico / pobre
rico / pobre

correcto / incorrecto
correcto / incorrecto

áspero / suave
áspero / suave

triste / contento
triste / contento

corto / largo
corto / largo

lento / rápido
lento / rápido

húmedo / seco
mojado / seco

cálido / frío
caliente / frío

guerra / paz
guerra / paz

0

cero

cero

1

uno

uno

2

dos

dos

3

tres

tres

4

cuatro

cuatro

5

cinco

cinco

6

seis

seis

7

siete

siete

8

ocho

ocho

9

nueve

nueve

10

diez

diez

11

once

once

12

doce

doce

13

trece

trece

14

catorce

catorce

15

quince

quince

16

dieciséis

dieciséis

17

diecisiete

diecisiete

18

dieciocho

dieciocho

19

diecinueve

diecinueve

20

veinte

veinte

100

cien

cien

1.000

mil

mil

1.000.000

millón

millón

idiomas

inglés

inglés

inglés americano

inglés americano

chino mandarín

chino mandarín

hindi

hindi

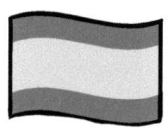

español

español

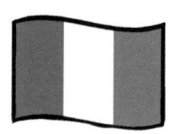

francés

francés

árabe

árabe

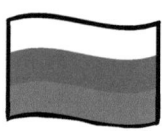

ruso

ruso

portugués

portugués

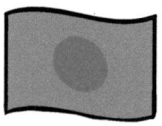

bengalí

bengalí

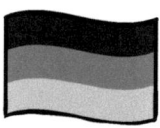

alemán

alemán

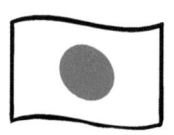

japonés

japonés

yo

yo

tú

vos

él / ella / ello

él / ella

nosotros/as

nosotros

vosotros/as

ustedes

ellos/as

ellos

¿quién?

¿quién?

¿qué?

¿qué?

¿cómo?

¿cómo?

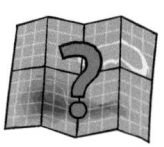

¿dónde?

¿dónde?

¿cuándo?

¿cuándo?

nombre

nombre

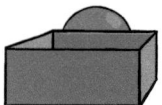

detrás

detrás

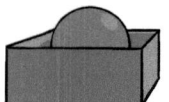

en

en

delante de

adelante de

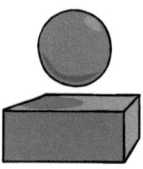

por encima de

por encima de

sobre

sobre

debajo de

debajo de

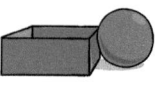

junto a

al lado de

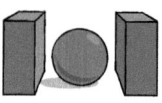

entre

entre

lugar

lugar